DISCOURS

DE

M. CLAUDE BERNARD

Paris. — Imprimerie Adolphe Lainé, rue des Saints-Pères, 19.

DISCOURS

DE

M. CLAUDE BERNARD

PRONONCÉ

A SA RÉCEPTION A L'ACADÉMIE FRANÇAISE

le 27 mai 1869

PARIS

LIBRAIRIE ACADÉMIQUE

DIDIER ET Cᵉ, LIBRAIRES-ÉDITEURS

QUAI DES AUGUSTINS, 35

—

1869

DISCOURS

M. CLAUDE BERNARD

————◄●►————

MESSIEURS,

En m'appelant à l'honneur de siéger parmi vous,
votre indulgence m'inspire un sentiment de reconnaissance d'autant plus vif, que la pensée même de mon
insuffisance littéraire ne saurait venir le troubler : c'est
l'homme de science que vous avez élu; vos suffrages
bienveillants ont voulu honorer en moi l'Académie à
laquelle j'appartiens, et perpétuer cette union des sciences et des lettres que vous n'avez cessé de consacrer
par une tradition constante.

On a raison de dire que les lettres sont les sœurs
aînées des sciences. C'est la loi de l'évolution intellec-

tuelles des peuples qui ont toujours produit leurs poëtes
et leurs philosophes avant de former leurs savants. Dans
ce développement progressif de l'humanité, la poésie, la
philosophie et les sciences expriment les trois phases
de notre intelligence, passant successivement par le
sentiment, la raison et l'expérience; mais, pour que
notre connaissance soit complète, il faut encore qu'une
élaboration s'accomplisse en sens inverse et que l'expérience, en remontant des faits à leur cause, vienne, à
son tour, éclairer notre esprit, épurer notre sentiment
et fortifier notre raison. Tout cela prouve que les lettres, la philosophie et les sciences doivent s'unir et se
confondre dans la recherche des mêmes vérités; car,
si, dans le langage des écoles, on sépare, sous le nom
de *sciences de l'esprit*, les lettres et la philosophie des
sciences proprement dites, qu'on appelle les *sciences de
la nature,* ce serait une grave erreur de croire qu'il
existe, pour cela, deux ordres de vérités distinctes ou
contradictoires, les unes philosophiques ou métaphysiques, les autres scientifiques ou naturelles. Non, il ne
peut y avoir au monde qu'une seule et même vérité,
et cette vérité entière et absolue que l'homme poursuit
avec tant d'ardeur ne sera que le résultat d'une péné-
tration réciproque et d'un accord définitif de toutes les
sciences, soit qu'elles aient leur point de départ en
nous, dans l'étude des problèmes de l'esprit humain,
soit qu'elles aient pour objet l'interprétation des phénomènes de la nature, qui nous entourent.

Les sciences de l'esprit ont dû se manifester d'a-
bord, et ont été ainsi appelées les premières à régner

sur le monde ; mais, aujourd'hui, dans leur gigantes-
que essor, les sciences de la nature remontent jusqu'à elles et veulent les pénétrer en les éclairant par
l'expérience.

La physiologie, qui explique les phénomènes de la vie,
constitue une science en quelque sorte intermédiaire
qui prend ses racines dans les sciences physiques de la
nature, et élève ses rameaux jusque dans les sciences
philosophiques de l'esprit. Elle paraît donc naturellement destinée à former le trait d'union entre les deux
ordres de sciences, ayant son point d'appui solide dans
les premières, et donnant aux dernières le support qui
leur est indispensable. Voilà pourquoi les progrès rapi-
des et brillants de la physiologie contemporaine excitent
un intérêt général, et appellent de plus en plus l'attention sérieuse des philosophes et de tous ceux qui, comme
vous, Messieurs, se tiennent dans les hautes régions de
la pensée et de l'esprit. C'est à cette circonstance heureuse que je suis redevable, sans aucun doute, d'avoir
été distingué par vous au milieu de mes savants
confrères. Vous avez perdu un physiologiste éminent,
un académicien célèbre, et vous avez pensé qu'en admettant parmi vous un homme qui s'est voué à la cul-
ture de la même science, vous rendriez un hommage
plus éclatant à la mémoire de celui que vous regrettez.
Mais, si je m'explique ainsi l'honneur insigne que vous
m'avez fait, je crains, d'un autre côté, de ne pas répondre à ce que vous attendez de moi ; car je sens, peut-
être plus qu'un autre, les difficultés de juger et de louer
convenablement, devant vous, mon illustre prédécesseur.

M, Flourens (Marie-Jean-Pierre) naquit à Maureilhan, arrondissement de Béziers (Hérault), le 13 avril 1794.

Heureusement doué par l'intelligence et portant au cœur l'aiguillon de la gloire et de la renommée, la nature le fit naître sous un ciel prédestiné, car l'arrondissement de Béziers a eu la fortune extraordinaire de compter successivement cinq de ses enfants parmi vous; et, comme si une main invisible eût encore voulu tracer de plus près au jeune Flourens le sillon de sa vie, elle plaça son berceau sous le même toit où était né Dortous de Mairan dont il devait, à un siècle de distance, occuper les deux fauteuils académiques, d'abord à l'Académie des sciences, comme secrétaire perpétuel, puis à l'Académie française.

Dès son enfance, M. Flourens s'était fait remarquer par l'énergie de sa volonté ainsi que par les qualités natives de son esprit : une curiosité intellectuelle insatiable, le désir et la recherche de ce qui était beau et distingué, une admiration enthousiaste pour les hommes supérieurs; tels étaient les traits principaux de ce caractère d'une maturité précoce.

Arrivé à Paris en 1814, une lettre du célèbre botaniste de Candolle, son ancien professeur à l'école de médecine de Montpellier, l'introduisit auprès de Georges Cuvier et le plaça immédiatement au foyer scientifique du temps. Dans ce nouveau milieu, son travail ardent, sa bonne tenue et la convenance parfaite de ses manières attirèrent l'attention sur lui et lui concilièrent de hautes protections. Il fuyait les tumultes du monde frivole qui éloigne de la science; mais il recherchait partout la société des hommes célèbres, et, dans quelques salons où se réunissaient des femmes éminentes ainsi que de grands savants, il sut trouver une atmosphère qui convenait à son esprit à la fois sérieux et délicat.

En moins de dix ans, M. Flourens fut membre de l'Académie des sciences, professeur au Muséum d'histoire naturelle, un des auteurs du *Journal des savants* et secrétaire perpétuel à l'Académié des sciences. En 1840, sa réputation parvenue à son apogée recevait sa consécration la plus glorieuse ; il fut élu membre de l'Académie française. Dès lors son horizon physiologique agrandi rayonna plus particulièrement vers le monde littéraire et vers la philosophie.

M. Flourens a été un auteur fécond, ses publications sont considérables et embrassent une période de près d'un demi-siècle. Nous ne dirons pas toutes ses recherches physiologiques ; elles furent nombreuses, et dans ce genre de travaux il se montra expérimentateur habile, unissant toujours les ressources d'un esprit ingénieux aux vues larges du généralisateur. Mais, à dater de 1841, il s'élève au-dessus de cette sphère purement expérimentale, et entreprend la publication d'une suite de traités qu'il appelle ses ouvrages philosophiques, scientifiques et littéraires.

L'appréciation que M. Flourens a donnée des travaux et des idées d'illustres savants a beaucoup contribué à la popularité qu'il a su conquérir. En traitant des ouvrages de Fontenelle, pour lequel il avait une prédilection marquée, il le considère successivement comme philosophe

et comme historien de l'Académie des sciences, et expose
à ce propos d'une manière claire et rapide les principes
de la philosophie expérimentale. Dans ses écrits sur
l'*Histoire des travaux de Georges Cuvier*, sur l'*Histoire
des travaux et des idées de Buffon,* M. Flourens se fait
le vulgarisateur heureux des idées et des travaux de ces
deux grands génies qui, comme il le dit, se complètent
et se comprennent l'un par l'autre. Dans ses *Éloges
académiques,* l'illustre secrétaire perpétuel se montre
toujours soucieux de la dignité et des intérêts de l'Académie, voulant, selon son expression, écrire l'histoire
des sciences en écrivant celle des académiciens.

Nous ne chercherons pas à faire connaître M. Flourens
par l'analyse de ses ouvrages nombreux et variés; nous
nous attacherons de préférence à ses expériences origi-
nales sur le système nerveux ; elles sont le trait le plus
saillant de ses investigations physiologiques et forment
en même temps la base de toutes ses études philosophiques.

En 1822, Magendie avait établi, à l'aide d'expériences
décisives, la distinction fondamentale des nerfs moteurs
et sensitifs de la moelle épinière ; c'est à peu près vers la
même époque que M. Flourens présenta à l'Académie
des sciences ses recherches expérimentales sur le cerveau ; elles firent sensation dans le monde savant et
valurent à leur jeune auteur un mémorable rapport de
l'illustre Cuvier. Gall avait eu le mérite de ramener les
qualités morales au même siége, au même organe que
les facultés intellectuelles ; il avait ramené la folie au
même siége que la raison dont elle n'est que le trouble.

Mais, à côté de ce trait de génie comme l'appelle M. Flourens, se rencontraient des erreurs graves. Se fondant uni-
quement sur l'anatomie comparée, Gall pensa que les
facultés intellectuelles étaient réparties dans toute la
masse cérébrale, et sur cette erreur fut fondé le système
des localisations phrénologiques. M. Flourens établit
que l'intelligence est au contraire concentrée dans
les parties les plus élevées de l'encéphale, et par ses
expériences il prouva que l'ablation des hémisphè-
res cérébraux suffit pour faire disparaître toutes les
manifestations spontanées de l'instinct et de l'intelligence.

Partant de ces données expérimentales, M. Flourens
aborde ensuite ses études de psychologie comparée sur
l'instinct et l'intelligence des animaux ; il veut, avec
raison, que la psychologie embrasse l'ensemble des phénomènes intellectuels dans toute la série animale, et non
l'intelligence de l'homme exclusivement.

Quel admirable spectacle que cette manifestation de
l'intelligence depuis l'apparition de ses premiers vestiges
jusqu'à son complet épanouissement, manifestation gra-
duée dans laquelle le physiologiste voit les diverses
formes des fonctions nerveuses et cérébrales s'analyser
en quelque sorte d'elles-mêmes et se répartir chez les
différents animaux suivant le degré de leur organisation !
D'abord, au plus bas degré, les manifestations instinctives, obscures et inconscientes ; bientôt l'intelligence
consciente apparaissant chez les animaux d'un ordre
plus élevé ; et enfin chez l'homme l'intelligence éclairée
par la raison, donnant naissance à l'acte rationnellement

libre, acte le plus mystérieux de l'économie animale et peut-être de la nature entière.

Dans tous les temps, les manifestations de l'intelligence ont été regardées comme des phénomènes impénétrables; mais, à mesure que la physiologie avance, elle porte ses vues de plus en plus loin. Aujourd'hui, après avoir localisé, elle veut expliquer. Elle ne se borne plus à déterminer dans les organes le siége précis des fonctions; elle descend dans les éléments mêmes de la matière vivante, en analyse les propriétés et en déduit l'explication des phénomènes de la vie, en y découvrant les conditions de leur manifestation.

Je ne puis avoir la pensée d'entrer ici dans les arides détails de l'anatomie et de la physiologie du cerveau; cependant je vous demande la permission d'exposer rapidement quelques-uns des faits et quelques-unes des idées qui servent de jalons et de fils conducteurs à la physiologie moderne, dans les méandres encore si obscurs des phénomènes de l'intelligence.

La physiologie établit d'abord clairement que la conscience a son siége exclusivement dans les lobes cérébraux; mais, quant à l'intelligence elle-même, si on la considère d'une manière générale et comme une force qui harmonise les différents actes de la vie, les règle et les approprie à leur but, les expériences physiologiques nous démontrent que cette force n'est point concentrée dans le seul organe cérébral supérieur, et qu'elle réside, au contraire, à des degrés divers, dans une foule de centres nerveux inconscients, échelonnés dans tout l'axe cérébro-spinal, et pouvant agir d'une façon indépen-

dante, quoique coordonnés et subordonnés hiérarchique·
ment les uns aux autres.

En effet, la soustraction des lobes cérébraux chez un
animal supérieur fait disparaître la conscience en laissant subsister toutes les fonctions du corps dont on a
respecté les centres nerveux coordinateurs. Les fonctions de la circulation, de la respiration, continuent à
s'exécuter régulièrement, sans interruption, mais elles
cessent dès qu'on enlève le centre propre qui régit cha-
cune d'elles. Veut-on, par exemple, arrêter la respiration, on agira sur le centre respiratoire qui est placé
dans la moelle allongée. M. Flourens a circonscrit ce
centre avec une scrupuleuse précision et lui a donné le
nom de *nœud vital*, parce que sa destruction est suivie
de la cessation immédiate des manifestations de la vie
dans les organismes élevés. La digestion, seulement sus-
pendue, n'est point anéantie. L'animal, privé de la
conscience et de la perception, n'a plus l'usage de ses
sens et a perdu conséquemment la faculté de chercher
sa nourriture ; mais, si l'on y supplée en poussant la
matière alimentaire jusqu'au fond du gosier, la digestion
s'effectue parce que l'action des centres nerveux diges-
tifs est restée intacte.

Un animal dépourvu de ses lobes cérébraux n'a plus
la faculté de se mouvoir spontanément et volontaire-
ment ; mais, si l'on substitue à l'influence de sa volonté
une autre excitation, on s'assure que les centres nerveux
coordinateurs des mouvements de ses membres ont con-
servé leur intégrité. De cette manière s'explique ce fait,
étrange et bien connu, d'une grenouille décapitée qui

écarte avec sa patte la pince qui la fait souffrir. Ce
mouvement si bien approprié à son but n'émane donc
pas du cerveau ; il est évidemment sous la dépen-
dance d'un centre qui, siégeant dans la moelle épinière, peut entrer en fonction, tantôt sous l'influence
centrale du sens intime et de la volonté , tantôt sous
l'influence d'une sensation extérieure ou périphéri-
que.

Chaque fonction du corps possède ainsi son centre
nerveux spécial, véritable cerveau inférieur dont la complexité correspond à celle de la fonction elle-même. Ce
sont là les *centres organiques* ou *fonctionnels* qui ne sont
point encore tous connus, et dont la physiologie expérimentale accroît chaque jour le nombre. Chez beaucoup
d'animaux inférieurs, ces centres inconscients constituent seuls le système nerveux ; dans les organismes
élevés, ils se forment avant les centres supérieurs,
et président à des fonctions organiques importantes
dont la nature, par prudence, suivant l'expression
d'un philosophe allemand, n'a pas voulu confier le soin
à la volonté.

Au-dessus des centres nerveux fonctionnels inconscients viennent se placer les centres instinctifs proprement dits. Ils sont le siége de facultés également innées
dont la manifestation, quoique consciente, est involon-
taire, irrésistible et tout à fait indépendante de l'expérience acquise. Gall a beaucoup insisté sur les faits de ce
genre, et nous pouvons en avoir tous les jours des
exemples sous les yeux. Le canard qui a été couvé par
une poule, et qui se jette à l'eau, en sortant de sa co-

quille, nage sans avoir rien appris ni de sa mère ni de l'expérience. La vue seule de l'eau a suffi pour réveiller son instinct. On sait encore l'histoire, rapportée par M. Flourens d'après Fr. Cuvier, d'un jeune castor, isolé au moment de sa naissance et qui, après un certain temps, commença à construire industrieusement sa demeure.

Il y a donc des intelligences innées; on les désigne sous le nom d'*instincts*. Ces facultés inférieures des centres fonctionnels et des centres instinctifs sont invariables et incapables de perfectionnement; elles sont imprimées d'avance dans une organisation achevée et immuable et sont apportées toutes faites en naissant, soit comme conditions immédiates de viabilité, soit comme moyens d'adaptation à certains modes d'existence nécessaires pour assurer le maintien et la fixité des espèces.

Mais il en est tout autrement des facultés intellectuelles supérieures; les lobes cérébraux, qui sont le siége de la conscience, ne terminent leur développement et ne commencent à manifester leurs fonctions qu'après la naissance. Il devait en être ainsi; car, si l'organisation cérébrale eût été achevée chez le nouveau-né, l'intelligence supérieure eût été close comme les instincts, tandis qu'elle reste ouverte au contraire à tous les perfectionnements et à toutes les notions nouvelles qui s'acquièrent par l'expérience de la vie. Aussi allons-nous voir, à mesure que les fonctions des sens et du cerveau s'établissent, apparaître, dans ce dernier, des centres nerveux fonctionnels et intellectuels de nouvelle formation réellement acquis par le fait de l'éducation.

Nous désignerons sous le nom de *centres* les masses nerveuses qui servent d'intermédiaire au point d'arrivée des nerfs de la sensation et aux points de départ des nerfs du mouvement. C'est dans cette substance de soudure, qui s'organise le plus tardivement, que l'exercice de la fonction vient frayer et creuser en quelque sorte les voies de communication des nerfs qui doivent se correspondre physiologiquement.

Le centre nerveux de la parole est le premier que nous voyons se tracer chez l'enfant. Le sens de l'ouïe est son point de départ nécessaire ; si l'organe auditif manque, le centre du langage ne se forme pas, l'enfant né sourd reste muet. Dans l'éducation des organes de la parole, il s'établit donc entre la sensation auditive et le mouvement vocal un véritable circuit nerveux qui relie les deux phénomènes dans un but fonctionnel commun. D'abord la langue balbutie ; c'est par l'habitude seulement, et à l'aide d'un exercice assez longtemps répété, que les mouvements deviennent assurés et que cette communication centrale des nerfs est rendue facile et complète. Toutefois ce n'est qu'avec l'âge que la fonction peut s'imprimer définitivement dans l'organisation : un jeune enfant qui cesse d'entendre perd peu à peu la faculté de parler qu'il avait acquise et redevient muet, tandis que chez l'homme adulte, placé dans les mêmes conditions, il n'en est plus ainsi, parce que chez lui le centre de la parole est fixé et le développement du cerveau achevé. A ce moment, les fonctions de ce centre acquis sont devenues vraiment involontaires, comme si elles étaient innées ; et c'est une chose remarquable que les actes intellectuels que nous manifestons n'atteignent réellement toute la perfection dont ils sont susceptibles que lorsque l'habitude les a imprimés dans notre organisation et les a rendus en quelque sorte indépendants de l'intelligence consciente qui les a formés et de l'attention qui les a dirigés. Chez l'orateur habile la parole est comme instinctive, et l'on voit, chez le musicien exercé, les doigts exécuter d'eux-mêmes les morceaux les plus difficiles, sans que l'intelligence, souvent distraite par d'autres pensées, y prenne aucune part.

Parmi tous les centres nerveux acquis, celui de la parole est sans contredit le plus important : en nous permettant de communiquer directement avec les autres hommes, il ouvre à notre esprit les plus vastes horizons. Un médecin célèbre de l'institution des sourds-muets, Itard, nous a dépeint l'état intellectuel et moral des hommes qu'un mutisme congénital laisserait réduits à leur propre expérience. Non-seulement ils subissent une véritable rétrogradation intellectuelle et morale qui les reporte en quelque sorte aux premiers temps des sociétés ; mais leur esprit, fermé en partie aux notions qui nous parviennent par les sens, ne saurait se développer. Leur âme, inaccessible aux idées qui excitent l'imagination et élèvent les pensées, reste souvent muette et silencieuse parce qu'elle ne comprend pas les délicatesses du sentiment dont la parole elle-même ne parvient pas toujours à rendre toutes les nuances. Le silence est éloquent, a-t-on dit; oui, pour ceux qui savent parler et pour ceux qui, étant initiés à toutes les émotions du cœur, sentent qu'il se

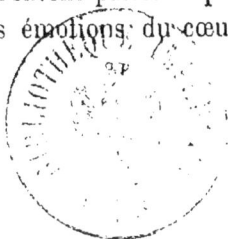

2

passe alors quelque chose en nous que les mots ne peuvent plus exprimer !

Mais ce ne sont pas seulement les mouvements de nos organes extérieurs qui deviennent automatiques ; la formation de nos idées est soumise à la même loi, et, lorsqu'une idée a traversé le cerveau durant un certain temps, elle s'y grave, s'y creuse un centre et devient comme une idée innée.

Ici la physiologie vient donc justifier le sentiment du poëte latin en démontrant que, pendant le jeune âge, le cerveau en voie de développement est, semblable à la cire molle, apte à recevoir toutes les empreintes qu'on lui communique, comme la jeune pousse de l'arbre prend également toutes les directions qu'on lui imprime. Plus tard, alors que l'organisation est plus avancée, les idées et les habitudes sont, ainsi qu'on le dit, enracinées, et nous ne sommes plus maîtres ni de faire disparaître immédiatement les empreintes anciennes ni d'en former de nouvelles.

L'organisation nerveuse de l'homme se ramène en définitive à quatre ordres de centres : les centres fonctionnels, les premiers formés, tous inconscients et dépourvus de spontanéité ; les centres instinctifs, conscients et doués de manifestations irrésistibles et fatales ; les centres intellectuels, acquis d'une manière volontaire et libre, mais devenant par l'habitude plus ou moins automatiques et involontaires. Enfin, au sommet de toutes ces manifestations, se trouve l'organe cérébral supérieur du sens intime auquel tout vient aboutir. C'est dans ce centre de l'unité intellectuelle qu'apparaît la conscience, qui, s'éclairant sans cesse aux lumières de l'expérience de la vie, tend à affaiblir, par le développement progressif de la raison et de la volonté, les manifestations aveugles et irrésistibles de l'instinct.

N'oublions pas que c'est aux expériences de M. Flourens que nous devons nos principales connaissances sur le siége de la conscience, et rappelons encore que l'ablation des lobes cérébraux éteint aussitôt ce flambeau de l'intelligence et de la spontanéité ; la vie séparée de la conscience peut continuer sans doute, mais alors les centres nerveux inférieurs, plongés dans l'obscurité, ne sont plus capables que d'actes involontaires et purement automatiques.

Maintenant, quelle idée le physiologiste se fera-t-il sur la nature de la conscience ?

Il est porté d'abord à la regarder comme l'expression suprême et finale d'un certain ensemble de phénomènes nerveux et intellectuels ; car l'intelligence consciente supérieure apparaît toujours la dernière, soit dans le développement de la série animale, soit dans le développement de l'homme. Mais, dans cette évolution, comment concevoir la formation du sens intime et le passage, si gradué qu'il soit, de l'intelligence inconsciente à l'intelligence consciente ? Est-ce un développement organique naturel et une intensité croissante des fonctions cérébrales qui font jaillir l'étincelle de la conscience, restée à l'état latent, jusqu'à ce qu'une organisation assez perfectionnée puisse permettre sa manifestation, et est-ce pour cette raison que nous voyons la conscience se montrer d'autant plus lumineuse, plus active et plus libre qu'elle appartient à un organisme plus élevé, plus complexe, c'est-à-dire qu'elle coexiste avec des appareils intellectuels inconscients plus nombreux et plus variés? En admettant que la science vienne confirmer ces opinions, nous n'en comprendrions pas mieux pour cela, au point de vue physiologique, l'essence de la conscience que nous ne pouvons comprendre, au point de vue chimique, l'essence du feu ou de la flamme. Le physiologiste ne doit donc pas trop s'arrêter, pour le moment, à ces interprétations ; il lui suffit de savoir que les phénomènes de l'intelligence et de la conscience, quelque inconnus qu'ils soient dans leur essence, quelque extraordinaires qu'ils nous apparaissent, exigent pour se manifester des conditions *organiques* ou *anatomiques*, des conditions *physiques* et *chimiques* qui sont accessibles à ses investigations, et c'est dans ces limites exactes qu'il circonscrit son domaine.

Partout, en effet, nous constatons une corrélation rigoureuse entre l'intensité des phénomènes physiques et chimiques et l'activité des phénomènes de la vie ; c'est pourquoi il nous est possible, en agissant sur les premiers, de modifier les seconds et de les régler à notre gré. De même que les autres phénomènes vitaux, les manifestations intellectuelles sont troublées, affaiblies, éteintes ou ranimées par de simples modifications survenues dans les propriétés physiques ou chimiques du sang : il suffit de vicier ce liquide nourricier en y introduisant des anesthésiques ou certaines substances toxiques pour faire aussitôt naître le délire ou disparaître la conscience. La pensée libre, pour se manifester, exige la réunion har-

monique dans le cerveau de toutes ces conditions organiques, physiques et chimiques. Comment comprendre,
en effet, la folie qui supprime la liberté, si on ne l'envi-
sageait comme un trouble survenu dans ces conditions?

La tendance de la physiologie moderne est donc bien
caractérisée ; elle veut expliquer les phénomènes intellectuels au même titre que tous les autres phénomènes
de la vie, et, si elle reconnaît avec raison qu'il y a des
lacunes plus considérables dans nos connaissances, rela-
tivement aux mécanismes fonctionnels de l'intelligence,
elle n'admet pas pour cela que ces mécanismes soient
par leur nature ni plus ni moins inaccessibles à notre
investigation que ceux de tous les autres actes vitaux.

Là, comme partout, les propriétés matérielles des
tissus constituent les moyens nécessaires à l'expression
des phénomènes vitaux ; mais, nulle part, ces propriétés
ne peuvent nous donner la raison première de l'arran-
gement fonctionnel des appareils. La fibre du muscle ne
nous explique, par la propriété qu'elle possède de se
raccourcir, que le phénomène de la contraction muscu-
laire ; mais cette propriété de la contractilité, qui est
toujours la même, ne nous apprend pas pourquoi il
existe des appareils moteurs différents, construits les uns
pour produire la voix, les autres pour effectuer la respiration, etc.; et, dès lors, ne trouverait-on pas ab-
surde de dire que les fibres musculaires de la langue et
celles du larynx ont la propriété de parler ou de chan-
ter, et celles du diaphragme la propriété de respirer? Il
en est de même pour les fibres et cellules cérébrales;
elles ont des propriétés générales d'innervation et de

conductibilité, mais on ne saurait leur attribuer pour cela la propriété de sentir, de penser ou de vouloir.

Il faut donc bien se garder de confondre les propriétés de la matière avec les fonctions qu'elles accomplissent. Les propriétés de la matière n'expliquent que les phénomènes spéciaux qui en dérivent directement. Dans les œuvres de la nature et dans celles de l'homme, les propriétés matérielles ne restent point isolées, elles sont groupées dans des organes et dans des appareils qui les coordonnent dans un but final de fonction.

En un mot, il y a dans toutes les fonctions du corps vivant, sans exception, un côté idéal et un côté matériel. Le côté idéal de la fonction se rattache par sa forme à l'unité du plan de création ou de construction de l'organisme, tandis que son côté matériel répond, par son mécanisme, aux propriétés de la matière vivante. Les types des formations organiques ou fonctionnelles des êtres vivants sont développés et construits sous l'influence de forces qui leur sont spéciales ; les propriétés de la matière organisée se rangent toutes, au contraire, sous l'empire des lois générales de la physique et de la chimie ; elles sont soumises aux mêmes conditions d'activité que les propriétés de la matière minérale avec lesquelles elles sont en relations nécessaires et probablement équivalentes.

Les manifestations de l'intelligence ne constituent pas une exception aux autres fonctions de la vie ; il n'y a aucune contradiction entre les sciences physiologiques et métaphysiques ; seulement elles abordent le même problème de l'homme intellectuel par des côtés opposés.

Les sciences physiologiques rattachent l'étude des facultés intellectuelles aux conditions organiques et physiques qui les expriment, tandis que les sciences métaphysiques négligent ces relations pour ne considérer les manifestations de l'âme que dans la marche progressive de l'humanité ou dans les aspirations éternelles de notre sentiment.

Nous croyons donc pouvoir conclure qu'il n'y a réellement pas de ligne de séparation à établir entre la physiologie et la psychologie.

La physiologie, comme nous l'avons dit en commençant, remonte naturellement vers les sciences philosophiques, et elle sert de point d'appui immédiat à la psychologie. Elle est appelée en outre à concourir au bien-être physique de l'homme en devenant la base scientifique de l'hygiène et de la médecine; dans cette direction, la physiologie expérimentale se constitue rapidement et prend sa place parmi les sciences définies. Partout, aujourd'hui, les gouvernements aident cette jeune science de la vie dans ses moyens de développement, et elle reçoit en même temps, de toutes parts, des encouragements et des marques éclatantes d'intérêt de la part des souverains.

Les travaux de M. Flourens viennent nous montrer aussi la physiologie dans ses rapports avec la médecine. En étudiant le rôle du périoste dans la formation des os, il a ouvert une voie que la chirurgie moderne a développée par d'importantes recherches et fécondée par d'heureuses applications. En 1861, l'Académie des sciences, voulant donner une impulsion décisive à la question de la régénération des os par le périoste, qui intéresse toute la chirurgie et plus particulièrement encore la chirurgie militaire, proposa sur ce sujet un grand prix de 10,000 francs qui fut porté à 20,000 francs par la libéralité de l'Empereur.

Il y a vingt-deux ans, la découverte de l'anesthésie par l'éther nous arriva du nouveau monde et se propagea rapidement en Europe. M. Flourens constata le premier les effets plus actifs du chloroforme, qui fut bientôt substitué à l'éther. Il a ainsi attaché son nom à cette importante découverte dont il a contribué à répandre les bienfaits.

Dans son ouvrage si populaire sur la longévité humaine, M. Flourens a cru pouvoir encore s'appuyer sur la physiologie pour promettre à l'homme un siècle de vie normale.

Aux qualités du savant, M. Flourens joignait les qualités de l'écrivain. Par ce côté encore il a rendu service à la physiologie, il a inspiré le goût de cette science et l'a fait aimer d'un public qui, sans lui, peut-être, ne l'eût jamais connue. Il a popularisé ainsi la physiologie sans l'abaisser et l'a rendue accessible à tous par le charme du style. Sans devancer le jugement que portera tout à l'heure, sur le mérite littéraire de M. Flourens, l'une des voix les plus dignes et les plus compétentes, qu'il me soit permis de dire que l'éloquence du savant, c'est la clarté ; la vérité scientifique dans sa beauté nue est toujours plus lumineuse, que parée des ornements dont notre imagination tenterait de la revêtir.

A la fois savant, écrivain, professeur et doublement

académicien, M. Flourens eut une vie des mieux rem-
plies. Il devint un des physiologistes les plus renommés
et les plus populaires de son temps; il dut moins encore cet éclat à son ascendant sur la jeunesse qu'à
son talent d'écrivain et à la diffusion de ses travaux
parmi les gens du monde. Il se consacrait entièrement à
ses devoirs d'académicien et de secrétaire perpétuel de
l'Académie des sciences. Il était chez lui comme dans
une retraite. Absorbé par ses recherches et emporté par
ses idées, il s'identifiait avec les grands hommes dont il
traçait l'histoire scientifique; il habitait au Muséum
d'histoire naturelle l'appartement de Buffon et s'y ins-
pirait du souvenir de son génie.

M. Flourens parcourut une heureuse carrière, sans
éprouver les luttes pénibles ni les déceptions amères qui
trop souvent aigrissent et découragent l'âme. Une volonté
ferme, orientée dans ses desseins par un caractère droit,
un esprit élevé, secondée par une heureuse habileté et
soutenue par un grand travail, le fit arriver à la renommée qu'il avait rêvée dès sa jeunesse. Il jouissait
des honneurs en remplissant les devoirs de ses nombreuses fonctions; mais au foyer domestique il retrou-
vait le calme et le repos si nécessaires au savant qui
travaille. Sa compagne si dévouée, si digne de le comprendre et de l'apprécier, s'était identifiée à sa vie intellectuelle qu'elle agrandissait en lui dissimulant les
soucis mêmes de l'existence. Il en était pénétré quand
il répétait : « J'ai le cerveau trop occupé, il faut me
faire vivre; » mais il ne goûta les douceurs de la vie
intime que lorsqu'il devait bientôt les quitter. Quand la

maladie l'eut forcé à une retraite complète, il disait
avec quelque amertume : « Que n'ai-je plus tôt pensé à
jouir de la vie de famille au lieu de la sacrifier pour
d'autres qui déjà ne pensent plus à moi! » M. Flourens fut
affecté d'une paralysie qui s'empara successivement des
organes de son corps; il avait parfaitement conscience
de son état, et, dès que le mal ne lui permit plus d'être
maître de sa parole et de ses idées, il cessa de paraître
dans les Académies. Il suivait les progrès du mal sans
que sa sérénité d'esprit en fût atteinte ; il s'éteignit gra-
duellement et mourut à Montgeron, près Paris, le 6 dé-
cembre 1867.

M. Flourens fut un physiologiste expérimentateur ;
mais son nom se place aussi parmi ceux des savants qui
ont abordé les généralités scientifiques.

Quelles sont les limites des sciences, de quelle nature
sont les rapports qui les unissent ? Ces questions restent
en quelque sorte toujours présentes, et elles ont été
de tous temps l'objet des méditations des esprits émi-
nents.

On ne saurait fixer le nombre des sciences parce
qu'elles sont le résultat du morcellement successif des
connaissances humaines, par notre esprit borné, en une
foule de problèmes séparés. Néanmoins on a distingué
deux ordres de sciences : les unes partant de l'esprit
pour descendre dans les phénomènes de la nature, les
autres partant de l'observation de la nature pour remonter à l'esprit. Leur point de départ est différent,
mais le but est le même : la recherche et la découverte
de la vérité. Ce sont les ténèbres de notre ignorance

qui nous font supposer des limites entre ces deux ordres de sciences.

Dans l'étude des sciences, notre raison se débat entre le sentiment naturel qui nous emporte à la recherche des causes premières et l'expérience qui nous enchaîne à l'observation des causes secondes. Toutefois les luttes de ces systèmes exclusifs sont inutiles, car, dans le domaine de la vérité, chaque chose doit avoir nécessairement son rôle, sa place et sa mesure.

Notre premier sentiment a pu nous faire croire qu'il nous était possible de construire le monde *à priori*, et que la connaissance des phénomènes naturels, en quelque sorte infuse en nous, s'en dégagerait par la seule force de l'esprit et du raisonnement. C'est ainsi qu'une École philosophique célèbre en Allemagne, au commencement de ce siècle, est arrivée à dire que la nature n'étant que le résultat de la pensée d'une intelligence créatrice, d'où nous émanons nous-mêmes, nous pouvions, sans le secours de l'expérience, et par notre propre activité intellectuelle, retrouver les pensées du créateur. C'est là une illusion. Nous ne pourrions pas même concevoir ainsi les inventions humaines, et, s'il nous a été donné de connaître les lois de la nature, ce n'est qu'à la condition de les déduire par expérience de l'examen direct des phénomènes, et non des seules conceptions spéculatives de notre esprit.

La méthode expérimentale ne se préoccupe pas de la cause première des phénomènes qui échappe à ses procédés d'investigation ; c'est pourquoi elle n'admet pas qu'aucun système scientifique vienne lui imposer à

ce sujet son ignorance, et elle veut que chacun reste
libre dans sa manière d'ignorer et de sentir. C'est donc
seulement aux causes secondes qu'elle s'adresse, parce
qu'elle peut parvenir à en découvrir et à en déterminer
les lois, et celles-ci, n'étant que les moyens d'action ou
de manifestation de la cause première, sont aussi im-
muables qu'elle, et constituent les lois inviolables de la
nature et les bases inébranlables de la science.

Mais nos recherches n'ont point atteint les bornes de
l'esprit humain; limitées par les connaissances ac-
tuelles, elles ont au-dessus d'elles l'immense région de
l'inconnu qu'elles ne peuvent supprimer sans nuire à
l'avancement même de la science.

Le connu et l'inconnu, tels sont les deux pôles scientifiques nécessaires. Le connu nous appartient et se dé-
pose dans l'expérience des siècles. L'inconnu seul nous
agite et nous tourmente, et c'est lui qui excite sans cesse
nos aspirations à la recherche des vérités nouvelles dont
notre sentiment a l'intuition certaine, mais dont notre
raison, aidée de l'expérience, veut trouver la formule
scientifique.

Ce serait donc une erreur de croire que le savant qui
suit les préceptes de la méthode expérimentale doive
repousser toute conception *à priori* et imposer silence à
son sentiment pour ne plus consulter que les résultats
bruts de l'expérience. Non, les lois physiologiques qui
règlent les manifestations de l'intelligence humaine ne
lui permettent pas de procéder autrement qu'en passant
toujours et successivement par le sentiment, la raison et
l'expérience; seulement, instruit par de longues décep-

tions et convaincu de l'inutilité des efforts de l'esprit réduit à lui-même, il donne à l'expérience une influence prépondérante et il cherche à se prémunir contre l'impatience de connaître qui nous pousse sans cesse vers l'erreur. Il marche avec calme et sans précipitation à la recherche de la vérité; c'est la raison ou le raisonnement qui lui sert toujours de guide, mais il l'arrête, le retient et le dompte à chaque pas par l'expérience; son sentiment obéit encore, même à son insu, au besoin inné qui nous fait irrésistiblement remonter à l'origine des choses, mais ses regards restent tournés vers la nature, parce que notre idée ne devient précise et lumineuse qu'en retournant du monde extérieur au foyer de la connaissance qui est en nous, de même que le rayon de lumière ne peut nous éclairer qu'en se réfléchissant sur les objets qui nous entourent.

DISCOURS

DE

M. PATIN

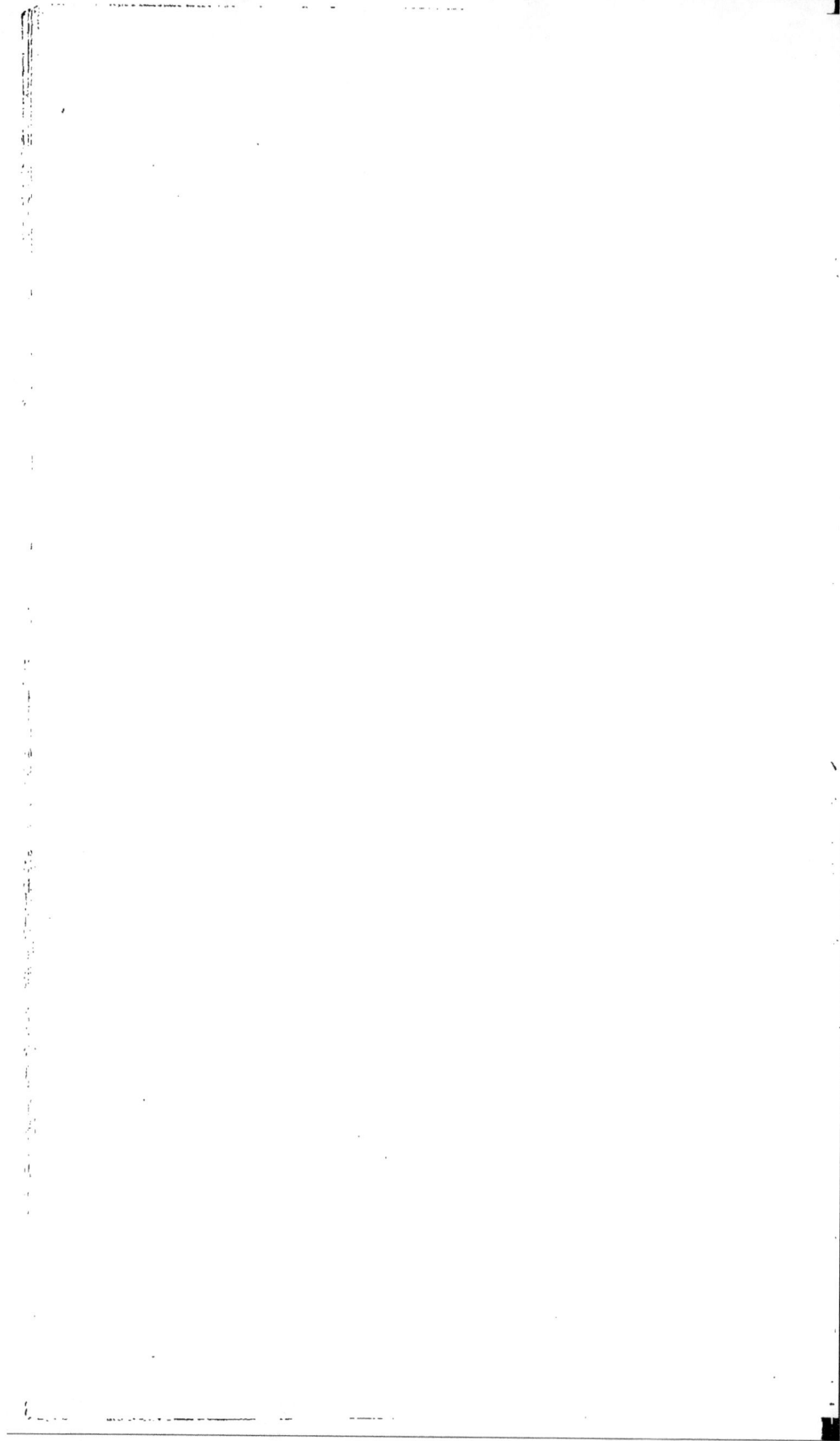

DISCOURS

DE

M. PATIN

DIRECTEUR DE L'ACADÉMIE

EN RÉPONSE

AU DISCOURS PRONONCÉ PAR M. BERNARD

POUR SA RÉCEPTION

A L'ACADÉMIE FRANÇAISE

LE 27 MAI 1869

PARIS

LIBRAIRIE ACADÉMIQUE

DIDIER ET Cⁱᵉ, LIBRAIRES-ÉDITEURS

QUAI DES AUGUSTINS, 35

—

1869

DISCOURS

DE

M. PATIN

———————

MONSIEUR,

En vous donnant pour successeur à M. Flourens, nous avons assuré à la mémoire de notre savant confrère un avantage qui vous manquera aujourd'hui, celui d'être apprécié avec compétence et autorité. Mais à l'insuffisance nécessaire de mes paroles suppléera de reste ce qui parle plus haut que toutes les louanges, même les plus autorisées, ce qui vient de se faire entendre avec éclat, ce qu'exprimait, il y a quelques jours, une glorieuse faveur de la puissance souveraine, la haute et générale estime que vous ont méritée votre dévouement entier, constant, infatigable, à l'avancement de la science physiologique et aux progrès correspondants de la science

médicale ; votre singulière habileté à interroger la nature
et à surprendre ses secrets ; la lumière nouvelle dont
vous avez éclairé les plus obscurs peut-être des phénomènes naturels, ceux qui pourtant semblent si fort à
notre portée, car ils se produisent en nous, les phénomènes de la vie.

Il vient un moment où les grandes découvertes scientifiques franchissant l'enceinte de ces sanctuaires savants
dans lesquels elles s'élaborent, dans lesquels elles se
discutent, se jugent et s'enseignent, arrivent à la connaissance du monde ; où, par le mystère même qui les
voile encore à demi, elles sollicitent sa curiosité et capti-
vent son intérêt ; où elles prennent place parmi les objets
préférés de ses préoccupations intellectuelles ; où, par là,
lui apparaît avec plus de clarté le rapport intime qui rap-
proche, qui unit, dans leurs manifestations de l'ordre
le plus élevé, les sciences et les lettres. Ce moment était
arrivé pour vous, Monsieur, quand l'Académie française,
prenant à la fois conseil et de ses traditions et du sentiment public, a rouvert pour vous la liste, malheureuse-
ment close par des pertes bien regrettables, de ces illustres membres de l'Académie des sciences, que de tout
temps elle a été jalouse de s'associer par une sorte de
consécration littéraire.

A des écrits dans lesquels vous aviez suivi, comme au
jour le jour, le progrès de vos découvertes et la marche
de votre enseignement, vous avez fait succéder un livre
de destination moins spéciale et, dans sa généralité,
d'un abord plus facile, qui a puissamment contribué à
attirer sur vos travaux, déjà placés en leur rang par leurs

juges naturels, l'attention et la faveur du public. Votre belle *Introduction à l'étude de la médecine expérimentale* lui a ouvert, pour ainsi dire, votre laboratoire et l'a fait assister à quelques-unes des plus curieuses, des plus frappantes de vos expériences, si ingénieusement imaginées et conduites, d'un regard si attentif et si pénétrant, avec une si rigoureuse précision, vers des résultats certains, fondement légitime d'une théorie. En même temps lui étaient expliqués par vous-même, avec l'autorité que vous donnaient une pratique personnelle des plus suivies et des plus heureuses, comme aussi la longue et profonde étude de vos procédés d'investigation, les principes de la méthode expérimentale considérée dans son application et aux sciences en général et, plus particulièrement, à la physiologie et à la médecine. Il apprenait de vous, dans une exposition où tout n'était pas nouveau et ne pouvait pas l'être, mais où les redites mêmes étaient marquées d'un caractère d'originalité, il apprenait de vous en quoi diffèrent et de quelle manière concourent ces deux instruments de découverte qu'on désigne par les mots, trop souvent confondus, d'observation et d'expérience ; comment un fait que montre, à qui sait le voir, l'observation, suggère, dans une intelligence douée d'invention scientifique, une explication anticipée, que contrôle ensuite l'expérience, soumettant le phénomène à des épreuves décisives qui permettent de déterminer avec certitude dans quelles conditions il peut ou ne peut pas se produire ; avec quelle sage esprit de doute et, par suite, quelle liberté de jugement il faut procéder à de telles opérations, afin d'échapper au dan-

ger, trop rarement appréhendé et évité, de n'en apercevoir les résultats qu'au travers d'une idée préconçue, et
dénaturés par ce milieu trompeur ; qu'ainsi instituée,
ainsi conduite, l'expérience n'arrive sans doute, succès
modeste, qu'à faire connaître la cause prochaine des
choses et non pas leur principe ; mais que, d'autre part,
au moyen de cette connaissance qui, toute bornée qu'elle
est, nous permet de reproduire à volonté, de modifier,
de diriger selon nos vues particulières les phénomènes,
l'homme se soumet, s'asservit la nature, dispose en maître
de ses forces, les accommode à son usage et devient, je
répète une expression spirituelle que Fontenelle se fût
applaudi de rencontrer, et devient comme le *contre-
maître de la création*.

Cette action féconde de la méthode expérimentale doit-
elle se renfermer exclusivement dans le dòmaine de la
matière brute, et ces conquêtes auxquelles elle a conduit
et conduit sans cesse la physique et la chimie, lui est-il
interdit de les assurer à la physiologie ? Vous ne le pen-
sez pas, Monsieur, malgré des assertions contraires d'un
ordre très-considérable, et vous avez acquis le droit de
ne le point penser. Dans la partie la plus spécialement
physiologique de votre ouvrage, qui en est en même
temps la partie la plus étendue et la plus neuve, vous
avez établi victorieusement, à ce qu'il semble, que l'expérience, telle que vous la définissez, a prise sur la matière vivante elle-même ; que, dans les corps vivants, bien
que leur extrême complexité les rende des plus difficiles
à étudier, elle, peut, quoi qu'on en ait dit, isoler les
divers appareils de l'organisme, et, par les épreuves aux-

quelles elle les soumet, déterminer les conditions de leur fonctionnement régulier ; que ce travail, activement et efficacement poursuivi de nos jours, prépare, pour une époque encore bien éloignée sans doute, l'avénement d'une médecine nouvelle, non plus seulement empirique et conjecturale, mais sévèrement scientifique.

Je résume, Monsieur, comme je le puis, bien imparfaitement et bien sèchement, un livre qui, par la richesse des développements, par l'abondance et la nouveauté des vues, par la chaleur éloquente de la conviction, a vivement intéressé, en dehors du cercle des savants, de nombreux lecteurs, et rendu presque populaire, avec la physiologie elle-même, son habile et heureux promoteur.

Vous avez dû, Monsieur, on ne saurait s'en plaindre et l'on doit plutôt s'en applaudir, vous prêter à seconder la favorable disposition, le mouvement empressé des esprits. De là, dans les plus graves et les plus accréditées de nos *Revues*, dans ces réunions publiques également consacrées à l'active propagation des idées, utiles autant qu'agréables intermédiaires entre la science et la curiosité du monde, d'officieuses communications où, avec un art d'exposition dont vous avez tout à l'heure donné une nouvelle preuve, vous vous êtes employé à mettre à la portée de tous et, pour ainsi dire, en circulation, les nouveautés introduites par vous dans le trésor de nos connaissances.

Les fictions dont s'amuse l'imagination sont quelquefois moins merveilleuses que les réalités de la science. Vous l'avez remarqué, Monsieur, en 1864, dans un ar-

ticle (1) bien propre à justifier cette pensée. Il s'agissait
d'une préparation toxique appelée *curare*, qu'emploient
les sauvages de l'Amérique du Sud pour empoisonner
leurs flèches, et dont vous avez fait, dans l'intérêt de
l'humanité et au grand profit de la science, un sujet d'expériences physiologiques. Vous retraciez, par des images
d'une vérité descriptive saisissante, les effets apparents
du poison, assez semblables dans leur succession rapide
à l'invasion subite et paisible du sommeil. Et puis, péri-
pétie imprévue d'un effet tragique, vous avertissiez que
ce calme était mensonger et cachait une torture des plus
cruelles. En effet, vous l'aviez constaté, le *curare* ne
s'attaquant dans le corps soumis à son action qu'aux
nerfs moteurs, et laissant intacts les nerfs de la sensibi-
lité, l'être sentant conservait la conscience douloureuse
de l'envahissement graduel qui supprimait successivement en lui tous les mouvements jusqu'au dernier, le
mouvement respiratoire. Au *mécanisme de la mort* vous
opposiez en finissant, concluant votre drame physiologique par un dénouement heureux, le *mécanisme du
retour à la vie*. Dans ce corps que la vie allait quitter, la
respiration, artificiellement ramenée, permettait au sang
de reprendre son cours et d'entraîner hors de l'économie
le terrible poison que d'adroites ligatures, alternative-
ment appliquées et enlevées ou modérément serrées, ne
laissaient passer qu'en doses désormais innocentes.
Vous ne pouviez, Monsieur, par un plus frappant exemple, initier le public à la connaissance d'une des plus

(1) *Revue des Deux-Mondes*, septembre 1864, p. 164.

intéressantes pratiques de votre méthode d'expérimen-
tation. Ce n'a pu être non plus sans un sentiment de
surprise voisin de l'admiration qu'il a appris le rôle inat-
tendu qu'y jouent les poisons, ces redoutables agents de
destruction, apprivoisés en quelque sorte par votre art,
rendus inoffensifs, peut-être bientôt secourables, et
transformés en instruments d'analyse scientifique.

Une autre fois, en 1865, devant l'auditoire mondain
que reçoivent le soir les murs de la grave Sorbonne,
traitant *de la physiologie du cœur et de ses rapports avec
le cerveau* (1), vous avez ajouté à l'attrait d'un tel sujet,
traité par vous, celui d'une piquante application de la
physiologie à la littérature. Comment le cœur, qui n'est
pour l'anatomiste et le physiologiste que l'organe central
de la circulation du sang, a-t-il pu devenir légitimement, dans le langage même le plus usuel, et cela en
tous temps, en tous lieux, ce qu'il n'appartient d'être
qu'au cerveau, c'est-à-dire le siége de nos affections
morales? Vous l'avez fait comprendre par une attachante
exposition des relations mutuelles, de l'action réciproque,
qui font concourir les deux organes à l'expression du
sentiment. Le sentiment, vous l'avez montré, a son re-
tentissement soudain, d'abord dans le cœur, au moyen
des nerfs moteurs qui du cerveau s'y rendent, et puis
dans le cerveau lui-même, sous l'influence du sang que
le cœur, dont le rhythme régulier a été troublé, lui en-
voie, avec des alternatives de ralentissement et d'accé-

(1) Voyez *Revue des cours publics*, 1865 ; *Revue des Deux-Mondes*,
mars 1865, p. 236.

lération, de rareté et d'abondance, aussitôt accusées au dehors par la pâleur et la coloration du visage. Une part doit donc être attribuée au cœur, sinon dans la production, du moins dans les manifestations des passions qui nous émeuvent ; ces manières de parler, pour ainsi dire instinctives, qui l'y font intervenir, ne sont nullement contredites par la physiologie, bien au contraire ; et l'art, vous l'y invitez, peut, sur la foi de la science, en user en toute sécurité. Souhaitons seulement qu'il n'abuse point, par trop de prétention scientifique, de vos explications. Nous n'avons déjà que trop de penchant à substituer à la peinture naïve de la passion, nonseulement son analyse psychologique, mais l'interprétation, quelquefois bien minutieuse et bien subtile, que semblent en donner les traits, l'expression changeante du visage, les attitudes du corps.

L'Exposition universelle des produits de l'industrie a eu récemment pour conséquence une exhibition d'un autre genre ; ces *Rapports* où, sur l'invitation du gouvernement, nos divers progrès intellectuels en ce siècle, et particulièrement dans ses vingt-cinq dernières années, ont dû être exposés par les hommes qui semblaient le plus naturellement appelés à en devenir les historiens et les représentants officiels. A ce double titre, Monsieur, il vous appartenait de faire au public européen les honneurs de la physiologie française, d'une science à laquelle les idées nouvelles de Lavoisier et de Laplace sur l'identité des phénomènes physiques et chimiques dans les corps bruts et dans les êtres vivants, l'introduction de l'anatomie générale des tissus par Bichat, celle de l'investigation expérimentale par votre maître Magendie, ont donné une impulsion puissante, bientôt propagée avec fécondité à l'étranger. Quels ont été pendant le quart de siècle qui vient de s'écouler, pour les divers phénomènes de la vie, les problèmes qu'elle s'est posés, la méthode qu'elle y a appliquée, les solutions auxquelles elle est parvenue, celles qu'il lui reste à chercher, vous le dites, Monsieur, faisant à chacun, dans l'œuvre commune, sa juste part, et n'indiquant qu'avec réserve la vôtre, qui n'est pas la moindre, en quelques pages précises et substantielles, pleines de faits et d'idées, où nul détail important n'échappe à votre analyse, et qui sont en même temps aussi synthétiques que le comporte l'état présent des connaissances.

L'homme est-il compris tout entier dans cette science de la vie qui vous doit, plus qu'à tout autre, sa constitution définitive, son rapide avancement, et dont les ouvrages que je viens de passer en revue font si bien connaître le but et les procédés, la marche et les progrès? Vous ne le prétendez pas, Monsieur ; et, tout à l'heure encore, quand dans un langage dont on a été justement frappé, vous assigniez à la physiologie une situation intermédiaire entre les sciences de la nature et les sciences de l'esprit, vous reconnaissiez implicitement qu'il se passe en nous quelque chose, qu'il y a quelque chose hors de la nature sensible, que n'ont point encore atteint les déterminations de la méthode expérimentale, et dont il est loisible de poursuivre la connaissance par d'autres voies. Si, dans l'ordre spécial de recherches auxquelles vous vous êtes voué, pour préserver l'inté-

grité de votre jugement de toute préoccupation déce-
vante, vous vous maintenez dans une indépendance
absolue à l'égard de la philosophie et des systèmes entre
lesquels elle se partage, vous êtes loin de vous associer
à l'intolérante proscription qui voudrait l'exclure, comme
convaincue d'impuissance et d'inutilité, de la liberté de
penser. Vous la laissez libre dans son domaine, comme
vous demandez qu'on laisse la physiologie libre dans le
sien. Vous exprimez même l'espoir que, parties de points
si divers, l'une des faits observés dans le monde extérieur,
l'autre de ceux qui se découvrent à la conscience, la
physiologie et la philosophie pourront un jour se rencontrer, se reposer, car, vous aimez à le proclamer, la
vérité est une, dans des conclusions communes. Tel est
aussi l'espoir de quelques-uns de nos principaux philosophes qui, animés pour vous de la vive sympathie que
vous leur témoignez et que justifie de leur part le caractère éminemment philosophique de vos doctrines, ont
cru y apercevoir, en les soumettant à l'examen sérieux
qu'elles appellent, des traces de métaphysique : soit dans
ce qui semble attester avec évidence la spontanéité de
l'esprit, dans cette *idée à priori*, point de départ nécessaire, dites-vous, répétez-vous souvent, de l'expérience,
sorte de pressentiment qui révèle par avance au génie
scientifique les lois, par lui cherchées, de la nature ; soit
dans ce qui ne peut se comprendre que comme l'effet
d'une intelligence créatrice, dans cette *idée organique*
que vous montrez préexistant, présidant à l'assemblage,
au concert des rouages de la machine humaine, et en con-
fondant les actions diverses dans une harmonique unité.

Mais ce sont là des considérations que je risquerais d'affaiblir, de compromettre en y insistant; j'aime mieux rentrer dans le rôle qui me convient en remarquant qu'à l'essor philosophique de votre pensée a répondu, comme il était naturel, l'élévation de votre style. C'est, par exemple, une page véritablement éloquente que celle où vous célébrez, avec l'accent d'une gratitude personnelle, l'action puissante et féconde de la philosophie sur le mouvement des sciences; où vous dépeignez les nobles et sévères joies, bien connues de vous, que donnent au savant la conquête et la poursuite même de la vérité. Nos auditeurs me sauront gré de vous rendre, pour quelques instants, la parole, en la citant :

« ..... Comme expérimentateur, j'évite les systèmes « philosophiques, mais je ne saurais pour cela repousser « cet esprit philosophique qui, sans appartenir à aucun « système, doit régner non-seulement sur toutes les « sciences, mais sur toutes les connaissances humaines... « Au point de vue scientifique, la philosophie représente « l'aspiration éternelle de la raison humaine vers la « connaissance de l'inconnu. Dès lors les philosophes se « tiennent toujours dans les questions en controverse et « dans les régions élevées, limites supérieures des scien- « ces. Par là ils communiquent à la pensée scientifique « un mouvement qui la vivifie et l'ennoblit; ils fortifient « l'esprit en le développant par une gymnastique intel- « lectuelle générale, en même temps qu'ils le reportent « sans cesse vers la solution inépuisable des grands pro- « blèmes; ils entretiennent ainsi une sorte de soif de

« l'inconnu et le feu sacré de la recherche qui ne doi-
« vent jamais s'éteindre chez un savant.

« En effet, le désir ardent de la connaissance est
« l'unique mobile qui attire et soutient l'investigateur
« dans ses efforts ; et c'est précisément cette connaissance
« qu'il saisit réellement, et qui fuit cependant toujours
« devant lui, qui devient à la fois son seul tourment et
« son seul bonheur. Celui qui ne connaît pas les tour-
« ments de l'inconnu doit ignorer les joies de la décou-
« verte qui sont certainement les plus vives que l'esprit
« de l'homme puisse jamais ressentir. Mais, par un ca-
« price de notre nature, cette joie de la découverte tant
« cherchée et tant espérée s'évanouit dès qu'elle est
« trouvée. Ce n'est qu'un éclair dont la lueur nous a dé-
« couvert d'autres horizons vers lesquels notre curiosité
« inassouvie se porte encore avec plus d'ardeur (1)..... »

Ces belles paroles, où vous vous êtes involontairement
peint vous-même, me ramènent naturellement au souvenir de votre prédécesseur, à qui elles peuvent aussi
s'appliquer. Comme vous, il a été touché de la passion
que vous avez si bien décrite, et il l'a satisfaite dans le
même ordre de recherches, mais avec un moins entier
dévouement. Son ardeur s'est partagée, presque dès ses
débuts, entre la science et les lettres ; les lettres, comme
l'entendait Fontenelle lorsqu'il disait dans la préface de
son *Histoire de l'Académie des sciences :* « Ce n'est guère
que dans ce siècle-ci que l'on peut compter le renou-

(1) *Introduction à l'étude de la médecine expérimentale*, p. 387.

vellement des mathématiques et de la physique. M. Descartes et d'autres grands hommes y ont travaillé avec
tant de succès que, dans ces genres de littérature, tout a
changé de face. »

L'illustration scientifique et littéraire de M. Flourens
datait de loin. De bonne heure, les remarquables mé-
moires où le jeune physiologiste révélait, dans un style
si net, si clair, si précis, d'une élégance si appropriée,
les plus secrets mystères de notre organisme, l'avaient
désigné à l'Académie des sciences, empressée de se l'associer, comme digne de devenir un jour l'un de ses in-
terprètes officiels. De bonne heure aussi, en applaudis-
sant chaque année, avec le public, ces *Éloges historiques*
dans lesquels le nouveau secrétaire perpétuel de l'Académie des sciences montrait discrètement un savoir si varié,
faisait preuve d'un jugement si libre et si sûr, d'un art
de composition et de style si délicat, l'Académie française lui avait destiné une de ces places qu'avaient occu-
pées dans son sein, qu'avaient honorées d'âge en âge
Mairan, Buffon, d'Alembert, Maupertuis, la Condamine,
Condorcet, Bailly, Vicq d'Azir, Laplace, Fourier, Georges Cuvier ! Il y a siégé pendant un quart de siècle, et son
nom, avec celui de Biot, que nous avons possédé plus
tard, et pour trop peu de temps, s'ajoute honorablement
à la liste de ces glorieux ancêtres académiques dont, en
ce moment, vous recueillez légitimement l'héritage.

Les *Éloges historiques* forment, depuis Fontenelle, qui
l'a en quelque sorte inauguré, un genre de littérature
que des succès continus et divers nous ont rendu propre,
un genre plein d'attrait, mais aussi plein de difficultés.

Suivre à la fois, dans un discours de dimension res-
treinte, le mouvement général de la science ou de l'art,
et les travaux individuels d'un savant, d'un philosophe,
d'un publiciste, d'un historien, d'un poëte, d'un artiste ;
mêler, dans une juste mesure, l'intérêt piquant de la
biographie et l'intérêt plus austère de l'exposition criti-
que ; concilier la bienveillance de la louange et l'impar-
tiale sévérité de l'appréciation ; répondre à l'attente sérieuse des juges spéciaux, sans décourager l'attention
moins grave d'un auditoire mondain auquel il faut plaire
pour garder le droit de l'instruire : c'est là une tâche véritablement difficile, mais qui, chez nous, a toujours
offert et ne paraît pas devoir cesser d'offrir à la variété
des esprits et des talents une favorable matière. Il n'est
que juste de compter parmi ceux qui s'y sont le plus heureusement exercés M. Flourens, dont la parole, depuis
1833, s'est fait entendre annuellement, sans désavantage,
avec l'accent qui lui était propre, dans la tribune académique de Cuvier.

Il s'est montré encore un digne historien des savants
dans des ouvrages dont le sujet intéressait à la fois l'Académie des sciences et l'Académie française, et qui, par de
rares mérites de solidité et d'élégance, pouvaient être
avoués également de toutes deux. Dans ces ouvrages de
médiocre étendue, mais non de médiocre valeur,
M. Flourens s'appliquait à exposer les méthodes et
les idées, à analyser les travaux, à expliquer le génie
de trois hommes, objet constant de sa préoccupation,
qu'il admirait, qu'il étudiait, auxquels il demandait
son inspiration, dont, selon l'expression du poëte

latin, il suivait de loin, sans servilité, dont il adorait les traces, Fontenelle, Buffon, et, plus près de lui, — il avait été son disciple, et, dans l'enseignement, son collaborateur, il se félicitait sans cesse, il se faisait gloire d'avoir vécu près de lui, — Georges Cuvier. Par ces hommages dignement rendus à des gloires quelquefois mal comprises ou même injustement contestées, M. Flourens, en s'honorant lui-même, a bien mérité des lettres françaises.

Elles lui doivent une particulière reconnaissance pour avoir mis en lumière, dans les charmants écrits de Fontenelle, ce qu'ils recélaient sous leurs grâces, parfois un peu étudiées, de connaissances variées et précises, de vues fines et justes, de libre et saine philosophie ; dans l'œuvre de Buffon, au lieu de brillantes, mais vaines hypothèses, des idées de génie, comme les appelait Cuvier, en avance sur les découvertes de la science plus d'une fois annoncées et suscitées par elles ; au lieu de la pompe déclamatoire dont on fait faussement son caractère habituel, d'après certains morceaux d'éclat trop exclusivement reproduits dans nos recueils de littérature, cette grandeur, cette sévérité d'ordonnance, cette ampleur, cette richesse de développements, cette progression de mouvement, cette propriété énergique et cette dignité soutenue de langage, tous ces mérites supérieurs de composition et de style dont il avait donné de si magnifiques exemples avant d'en exposer, devant l'Académie française, la théorie.

L'art d'écrire a toujours occupé, et très-sérieusement, M. Flourens : il l'étudiait chez les maîtres, et dans les

4

moments dont lui permettaient de disposer ses fonctions
académiques de double nature, le double enseignement
qui lui était confié, la poursuite persévérante de ses recherches propres, il s'y exerçait avec une ardeur, une
application attestées par de constants progrès. Il ne lui
demandait au reste, en savant touché avant tout des intérêts de la science, que ce qui pouvait en faciliter, en
hâter l'utile diffusion, ces simples mais non vulgaires
mérites d'ordre, de clarté, de justesse, de précision, qui
la rendent accessible : ajoutons un peu de ce *superflu,
chose si nécessaire,* qu'on appelle l'élégance; car la
science, en se proposant d'instruire les hommes, et pour
les instruire plus sûrement, n'est pas et ne peut pas être
complétement désintéressée du soin de leur plaire.

Elle a plu, et beaucoup, je dois le redire après vous,
dans ceux des ouvrages de M. Flourens, nombreux autant que divers et souvent réimprimés, qu'il a publiés
dans la seconde moitié de sa vie, dans le temps où le
disputaient désormais aux sciences de la nature les sciences de l'esprit. Il y a traité, et pour tout le monde, je ne
puis, en ce qui me concerne, que lui en rendre grâce, de
quelques parties des sciences naturelles, de quelques
points de leur histoire, de certaines questions particulièrement, qui relèvent de la zoologie, de la physiologie et tout ensemble de la psychologie. Ce sont les écrits
d'un philosophe non moins que d'un savant, je dirais
encore volontiers d'un littérateur non moins que d'un
philosophe. L'ordonnance en est simple et claire, les
proportions justes, les formes d'exposition et de discussion nettes et vives, le style toujours pur, toujours élé-

gant, d'un tour ingénieux et sans aucune aridité tech-
nique. Des citations choisies avec goût, encadrées avec
art, commentées avec délicatesse, y font utilement et
agréablement intervenir les savants, les philosophes,
dont l'autorité est invoquée, les opinions ou adoptées
ou contestées ; ils n'y paraissent guère, sans qu'un
crayon sobre et sûr les marque au passage de traits ca-
ractéristiques. Ils forment, par exemple, une bien inté-
ressante galerie dans l'excellent volume où est de nouveau débattue et, ce semble, définitivement résolue la
question si longtemps controversée *de l'instinct et de
l'intelligence des animaux.* Auprès de Descartes et de
Condillac, de Buffon et de Réaumur, je ne rappelle que
les plus grands, les plus illustres, y a sa place même un
poëte, philosophe à ses heures, l'avocat naturel des êtres
qu'il a si bien fait penser et parler, la Fontaine. Un nom
cher à l'auteur y revient surtout fréquemment, mais à
un nouveau titre ; il désigne cette fois l'assidu, le pers-
picace, le spirituel observateur des mœurs des animaux,
qui n'a voulu pour son tombeau que cette modeste et
touchante épitaphe : *Frédéric Cuvier, frère de Georges
Cuvier.*

Dans celui des ouvrages de M. Flourens qu'on a le
plus lu peut-être, parce qu'il flatte un de nos sentiments
les plus universels, en reculant scientifiquement, vous
venez de dire de quelle manière, les limites des divers
âges et le terme de la vie, la physiologie aboutit, non
plus à la psychologie, mais à la morale, à la morale pratique. C'est surtout en moraliste qu'y parle M. Flourens.
Le fonds de vie considérable qui, selon ses calculs, nous

a été départi, il n'en promet la jouissance qu'à l'homme qui, échappant aux causes accidentelles de destruction, saura l'administrer avec sagesse. Ce livre est plein d'utiles conseils, donnés en termes persuasifs, et dont l'auteur avait le premier fait son profit, hélas ! bien vainement. Qui ne l'eût cru appelé par la régularité de ses habitudes, l'exercice constant et modéré de ses heureuses facultés, par le calme d'une âme dont les passions dominantes étaient visiblement l'amour de la science et des lettres, l'ambition confiante et sans mécomptes de la paisible gloire qu'elles procurent, qui ne l'eût cru, dis-je, appelé à attester longtemps par son propre exemple la vérité de sa séduisante théorie?

Je ne dois pas oublier, dans ce rapide rappel des titres littéraires de M. Flourens, les nombreux et excellents articles dont, pendant de longues années, sa zélée collaboration a enrichi le *Journal des Savants*. Ils ne sont point travaillés avec moins de soin que ses autres écrits ; ils ne leur sont point inférieurs, et, c'est en faire assez l'éloge, ils en ont quelquefois fourni les éléments. Par eux s'est terminée sa laborieuse carrière, que l'atteinte, l'invasion inattendue d'un mal cruel, ont prématurément interrompue. Je crois l'entendre encore nous lire péniblement, d'une voix qu'enchaînait déjà l'engourdissement progressif de ses organes, ces pages dernières où s'attestait encore et semblait en même temps rendre témoignage à ses convictions spiritualistes l'activité indépendante de sa pensée.

Un vide sensible s'est fait par sa mort dans l'Académie française, où la rectitude de son esprit, la douce fermeté de sa parole, ses manières aimables et conciliantes lui avaient acquis, en toute discussion, en toute délibération, une juste et facile autorité. Les tristes années qu'il a passées loin de nous, dans l'isolement auquel le condamnait la maladie, et sous la tutelle vigilante de la tendresse domestique, ne nous avaient point accoutumés à son absence, et, quand nous avons achevé de nous séparer de lui, sa perte a été pour nous, comme pour l'Institut tout entier et pour le public, le sujet de regrets aussi vifs qu'ils seront durables. Vous les adoucirez toutefois, Monsieur, nous en avons la confiance, par tout ce que nous promettent d'honorable et utile concours, de sûr et agréable commerce, la solidité et la distinction de votre savoir, l'élévation de vos idées, les qualités si dignes d'estime et d'affection, si unanimement appréciées, de votre caractère.

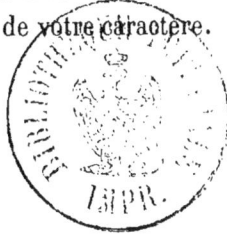

Paris. — Imprimerie Adolphe Lainé, rue des Saints-Pères, 19.

www.ingramcontent.com/pod-product-compliance
Lightning Source LLC
Chambersburg PA
CBHW070916210326
41521CB00010B/2210